Rudolf Pernusch

Schöne Aussichten – oder?

Meist poetische Texte und Betrachtungen

Bibliografische Information
der Deutschen Nationalbibliothek:

Die Deutsche Nationalbibliothek
verzeichnet diese Publikation in
der Deutschen Nationalbibliografie.
Detaillierte bibliografische Daten
sind im Internet über
http://www.d-nb.de abrufbar.

Alle Rechte der Verbreitung,
auch durch Film, Funk und Fernsehen,
fotomechanische Wiedergabe,
Tonträger, elektronische Datenträger und
auszugsweisen Nachdruck,
sind vorbehalten.

www.vindobonaverlag.com

© 2022 Vindobona Verlag

ISBN 978-3-949263-72-9
Lektorat: Isabella Busch
Umschlagfoto:
Pyvovarpavlo | Dreamstime.com
Umschlaggestaltung, Layout & Satz:
Vindobona Verlag
Innenabbildungen:
siehe Bildquellennachweis S. 152

Gedruckt in der Europäischen Union
auf umweltfreundlichem, chlor- und
säurefrei gebleichtem Papier.

Der Kinderwagen kam aus dem Fundus des Fotografen, der Gabriele dieses Requisit für die Aufnahme lieh. Und sie, das bescheidene Kind, das nie ein solches Spielzeug hatte, durfte es berühren und sich als Prinzessin fühlen für die kurzen Momente der Abbildung.

Schöne Aussichten

Um nach hinten zu blicken,
muss man den Schädel drehen.
Ich sehe, dass Sie nicken,
das heißt, dass Sie mich verstehen.

Sie haben freilich ganz recht,
wenn Sie denken, das Kopfverdrehen
bekäme der Gesundheit schlecht,
denn man sollte nach vorne sehen.

Und froh in die Zukunft schreiten,
die das Blaue vom Himmel verspricht.
Wollen Sie mich auf dem Wege begleiten?
Oder reizt Sie das etwa nicht?

Dort sind die Häuser und Straßen
größer, belebter und neuer.
Beengt zwar lebt man einigermaßen,
denn der Wohnraum ist ziemlich teuer.

Leicht findet man frische Luft in der Natur,
die ist doch nur wenige Stunden weit
mit dem Auto, und das wäre keine Tortur,
fände man dafür genügend Zeit.

Es gibt noch Gebirge, das Meer
mit Ölscheichpalästen an seinen Küsten.
Das alles ist da für den Fremdenverkehr.
Man war da, darf man nachher sich brüsten.

Alle sind Brüder, alle sind gleich,
was größer und schöner erstickt in der Masse.
Kultur braucht man nicht mehr im
Gleichmacherreich.
In meinem Schrank fehlt wohl eine Tasse!

Korridor

Entlangzugehen,
entlang dem Korridor, dem sich ein Tor
vielleicht ans Ende fügt,
ans Ende, das in sich bereits sein Nichtsein birgt.
Entlangzugehen,
und in die Schleife biegen,
ehe sie beginnt, zur Rückkehr sich zu schließen,
umfangen von vergessenen Lauten
fremder Instrumente,
ausgeleiert bis in den Widerspruch
und seine Rötung vor den Wunden
nie geschlagener Schlachten.

Dennoch aber trägt der Held sein Los
in mageren Händen,
lang entfleischt vom Übermut
mit dem ihm jene,
die an seinen Fersen hängen
mit Bewunderung und anderen Gefühlen,
den Leib benagen mit gespitzten Zähnen,
die sich in Sicheln wandeln und
sirren, drohend aus dem Schatten.

Kein Stunden des Veratmens,
kein Halt für die verdurstende Geduld,
nur Abgrund, ohne Absatz, ohne Boden
und das Getöse der zerbrechenden Gefäße
nach dem Gerülpse, das den Abgesang ersetzt.

Verstörung

Nicht umdrehen, bitte, dreh dich nicht um.
Horch nicht auf die Schritte hinter dir,
die kommen immer näher,
immer näher!
Wenn du vielleicht versuchen könntest,
schnell nach vorne zu laufen und,
plötzlich,
stehen zu bleiben,
um ihn zu blockieren,
oder es,
oder was da hinter dir,
Tapp! Tapp! Taaapp!
auf dich auflaufen zu lassen,
dass es in dich stößt,
dich anstößt und dann
hörst du die Schritte nicht mehr
und hinter dir
ist nichts mehr,
und du bist
oder wirst
so anders.

Leben und Überleben

Lass sie herein,
die frische Luft, die reine frische Luft,
lass sie herein,
wiederholt meine Frau
und mich fröstelt.

Es wird immer schlimmer mit der Seuche,
Zehntausend sind es täglich neu,
aber wir können uns nicht impfen lassen,
du nach Perikarditis und Hirnschlag
und ich mit meiner schwachen Lunge,
da bleibt uns keine Wahl
als frische Luft und keine Kontakte.

Können wir entgehen?
Die frische Luft, wird sie uns schützen?
Sie macht mich frösteln,
oder es ist vielleicht doch schon
das Virus,
das mich hüsteln macht?

Trockenstraße

Weißt du, was eine Trockenstraße ist?
Wie die Dürre sich in meinem Schädel ausbreitet,
allmählich die getrockneten Gedankenblöcke
abbröckeln, bröckeln,
zerbröckeln
und zu Staub zerfallen.

Gedankenstaub!
Das klingt gar nicht schlecht.
Wenn man dann zu kehren beginnt,
zusammenzukehren mit dem Bartwisch der
Vernunft.

Den Staub auf die Schaufel schaufelt
und schließlich in die Mülltonne der Schuldlosen
geschüttet, entleert,
ausgestaubt.

Spastisch zuckt die Hand,
die das Staubtuch
ausgebeutelt.

Abwärts

Ob es die schönen Tage waren, die vorbei,
die Sonnentage und die wohlig weichen Winde,
die mich durch diesen langen Sommer führten?

Es regnet jetzt und dieser Regen –
man konnte lächeln fast –
trägt Wärme immer noch mit sich,
Wärme, die ich brauche und verbrauche
beim Frösteln meiner Hände
und dem dumpfen Schmerz,
der in mir steigt und mich nimmt
als unwilliges Opfer.

Seit Tagen warte ich und ich weiß nicht warum,
dass die dumpfen,
die dunklen Wogen in meinem Hirn sich lösen
und mich auf einen helleren Weg hinlenken,
um mich wieder zu finden,
dass mein Ich sich wieder besinnen kann,
zurückfindet zum Wort,
das ich so sehr vermisse in dieser Nebelphase,
die kein Gesicht hat und mich bedrängt,
hindrängt in den abseitigen Busch

auf dem abseitigen Hang
meiner abseitigen Gedanken.

Was verbirgt sich dort und will es mich halten,
weghalten von dem, was ich suche,
es binden in mich mit abstrusen Lappen
des Tonfalls, den schmutzigen,
die von sich selber triefen im öligen Morast.
Was hockt dort und wispert und wispert,
was ich nicht hören kann,
doch spüre im Zittern des Trommelfells,
im Vibrieren der Schläfen,
der schmerzenden Schläfen?

Und ich kann nicht schreien,
mich selbst ausrufen und anklagen
mit der verstummten Stimme meiner
Wortlosigkeit.
Wo habe ich verloren, was ich geliebt,
was mich erleben ließ durch das gebärende Wort,
was stieß mich in die Unfruchtbarkeit,
in der ich verdämmere, verkomme, vergehe?

Herr, wenn es Sünde war,
ich lebte darin und ich bitte dich,
lass mich darin,
verdamme mich,
doch lass mir das Wort und nimm alles,
alles mir so Fremde,

und ich kann und will im Vergehen noch
dir danken,
dass es war,
dass ich war.

In der Stille

In der Stille webt das Licht sein Spiel
von den schwärzlichen Wurzeln und Stämmen
in das Gleißen der weißen Äste
und schimmernden Gipfel.
Spiel von Spiegelungen und versteckten
Schatten
und unhörbar, fast unspürbar der fröstelnde
Hauch,
der mich betastet und gleich wieder vergisst,
nicht wert einer wärmenden Hinwendung,
sich abwendet wieder in die kristallene Stille
des schnell vergessenden Winterwaldes.

Tropfen

Auf dem Rücken
liege ich jetzt noch um neun Uhr
und horche, wie langsam
Tropfen auf Tropfen
die Energie meinen Körper verlässt
und ich bewege mich nicht,
starre nur zur Decke.

Ob das bedeutet,
dass ich am Ende bin?

Die warme Dusche
und der Kaffee, können sie das Leck verstopfen,
reparieren?

Ein weiterer Tag hat begonnen
und ich versuche mit mir zu spaßen,
mich anzulachen oder auszulachen. Lächerlich?

Und morgen früh
um neun oder früher
werde ich wieder
auf das Tropfen hinhören
und mich fragen,
ob und wann
und so weiter
vielleicht …

Gegenüber

Der dich ansieht,
sieht dich nicht.
Sieht nur dein Angesicht.
Hört deiner Stimme Klang.

Wann, fragst du bang,
kommt einer und spricht
und hört dir zu,
ist neben und mit dir.

Dass du erkennst
dein Ich und sein Du!

Lebenswahl

Hätte ich heute die Wahl zu entscheiden,
ob ich, was ich einmal erlebte,
noch einmal durchleben wollte,
wie fiele diese Entscheidung aus, wie wählte ich,
was mir das weitere Leben bieten sollte,
wo es doch nur Wiederholung
und damit vorbestimmt wäre?

Wenn aber einmal die Sicht und auch das Gehör
unter dem Hammer der Zeit mit Zerbrechen drohen
und das Entrinnen schon aussichtslos scheint,
unvermeidbar zerbröckelt das schützende Eis,
das die gefrorenen Erinnerungen bedeckte,
wird der nach Rückkehr rufende Hilfeschrei
zum Winseln und schließlich Verstummen erstickt.

Da war doch wer

Das wächst mir langsam schon beim Hals heraus,
so hätte ich es auch benennen können,
das, was man sagt oder beschreibt,
wenn man sich angesoffen an dem
Leichnamschmaus
für den, der zwar verstorben, trotzdem unbekannt verbleibt,
indes wir uns ein Abschiedsgläschen gönnen.

Aus Pietät nicht, doch um der Neugier willen,
was ist das schon für eine Mischkulanz?
Fragt man nach diesem oder auch nach irgendwas.
Der Wissensdurst lässt sich ganz schmerzlos
stillen:
Er ist gestorben ohne Firlefanz.
Ist doch o. k., genügt euch das?

Fadenspinnen

Ich reibe die Zeigefinger gegen die Daumen
und drehe den Faden ein und aus,
den unsichtbaren, den Faden, der so fein,
so dünn und doch sich spinnt um mich,
als wäre nichts so fein gesponnen.

Der Herbst graut vor den Fenstern
und selbst die hellsten Farben,
das prächtige Rotprangen der Büsche
in den Sonnenstunden und das Rascheln
der trocknenden Blätter, wenn ein leichter
Windstoß,
ein Hauch fast, sie bewegt,
alles eben noch Bewegung,
erstarrt jetzt bereits, lange bevor
eine eisige Luft sie frösteln macht.

Zu und weg, ein und aus,
der Faden dreht sich
zwischen den Fingern,
dem Zeigefinger, dem Daumen.

Wozu?
Wenn ich versuchen wollte, ihn abzubeißen,
wie die Sockenstopferinnen es tun,
wenn das Loch geschlossen,
der Knopf angenäht,
die gute Arbeit besiegelt.
Abgebissen der Faden
und auf zu anderen Sorgen!

Mir geht es sehr schlecht, schreibt ein alter Freund,
und er schickt mir das lächelnde Foto seiner Frau,
die ihn mit seinem Schmerz allein ließ,
nach langer Krankheit, wie man immer sagt,
für immer fortgegangen, sie erlöst
und für ihn die Trauer und der Schmerz.

Ich aber fasle von den Rosen,
den roten Rosen,
die welken, verblühen,
und dazwischen will ich Luft,
frische Luft, will ich atmen
und drehen den Faden zwischen den Fingern.

Nebengeleise

Bin ich auf einem Nebengeleise,
abgestellt vielleicht,
wozu?

Wie heißt es doch in der alten Weise
der Romantik,
von der Liebe, der Sehnsucht,
dem Du, das verstummt.

Doch das Herz, es schweigt nicht,
es kommt nicht zur Ruh,
bis zum Ende
in das Verdämmern der Nacht
führt uns die letzte Reise.

Später

Später vielleicht
Später, das ist wann?
Irgendwo tickt eine Uhr
auf ein leeres Ziffernblatt.
Wie spät es wohl ist,
um später noch zu sein, für den,
der dem Ticken der Uhr folgt
und es verängstigt anhört,
dieses zarte Schlagzeug
im Rhythmus von *geh*,
geh und *vergeh*!

Blick nach Westen

Hinter den Wolken am Horizont
verrinnt das blasse Blau des Himmels.
Schwarz, massig der Wald absorbiert
die feuchte Last und streckt die müden
Blätter auf
nach einem Trockenstrahl
der halb verborgenen Sonne.

Albtraum

Das Wort zerbricht mir im Munde,
ich rede im Ratata-Takt
und warte in banger Stunde,
dass mich die Lähmung packt.

Es scheint die Luft mir verdickt
und sie verbirgt das ferne Rot,
das mir eine Warnung schickt.
Ich ringe mit Atemnot.

Der Räusperhusten keucht
und schüttelt die magere Brust.
Mein Blick, verquollen und feucht,
quält sich durch der Lider Krust.

Ich will noch rufen, schreien:
Ich lebe noch, ich bitte, wende
ab den Ruf der Todesschalmeien,
ihr Fordern nach meinem Ende!

Wasser, Sturm und Hustengischt,
sie treiben mich ins Versinken.
Das Totenmahl ist aufgetischt,
Herr, lass mich Lethe trinken!

Schrei

Welcher Schrei
weckte mich neulich
in schweißiger Nacht?
Brach er aus meiner schmerzenden,
aus meiner nie ganz getrockneten Brust?

Wer schrie,
was schrie aus mir?
Und zu wem?

Wäre da ein Gott,
wie herrlich wäre es, zu ihm zu schreien,
aus wunden Gefühlen
zu wunderbarer
Vollendung.

Traumstunde

Die Traumstunde in den Zwischenzeiten.
Noch hat der Abend nicht begonnen,
doch die Schwüle des Tages hat sich besänftigt
und wo eben noch Grün und Lichterspiel,
schlafen die Bäume bereits
gegen einen fast weißklaren Himmel im Westen.

Schwer sind die Augenlider und ermüdet
der Blick
nach den Blendungen des Tages.
Gleich wird die Sonne ihr Absteigen
zum Verschwinden wenden und der Nacht
zum Breiten der Schattenfächer
den Übergang öffnen.

Passage

Sie gehen vorbei,
schlanke, gerundete, gebräunte
oder auch verhüllte
Beine, Schenkel
und wo die enden ...

Manchmal ist es Spuk
aus der Vergangenheit,
ein Durchwehen von Lust
oder vergessenem Verlangen.

Auf dem Betonsockel des Gastgartens
hocke ich, ermüdet,
müde wie immer,
Gastgarten des Fastfood-Restaurants,
das damals,

ja damals, da war es das Tanzcafé
der fast bürgerlichen Welt
oder jener, der, wie es scheint,
für immer verlorenen.

Ich hocke auf dem Beton- oder Zementsockel
des Gastgartens,
und sie gehen vorbei,
oder auch nicht,
wenn sie sich treffen,
sie, die anderen,

aber sie treffen sich
nicht mit mir,
und dann,
gehen sie
vorbei …

Hör zu

Fast schlägt man, erschlägt man fast,
erschlägt dein Maul.
Irrer, was hast du gedacht,
als du begannst,
lästernd, wie sie sagen,
die Wahrheit zu sagen?

Keiner will dich hören
und die schwarze Angst

Den geschwollenen Lidern,
die nicht mehr bedecken wollen,
was du zu sehen begehrst.
Sie wollen es verdecken,
die geschwollenen Lider.

Und erst die Ohren,
deren arthritischer Wuchs nur genügt,
um es zu zerstückeln,
was sich dir aufdrängt,
aber der schrille Ton der Lügensäusler
vermischt sich

und vermischt alles,
dass es bröckelt
und brodelt in dir.

Das verurteilte Wahre
rudert im Schlamm
und droht:
Ich trinke,
Ich
ertrin

ke

Wird es wieder so sein

Warum soll ich besorgt sein?
Worum soll ich mich scheren?
Soll ich mich fürchten vor dem Wein
und noch ein Gläschen leeren?

Geht alles drüber und drunter,
ins Durcheinander unter,
wenn es mich selbst nicht betrifft,
Was solls?

Schau um dich, bleibe ruhig, mein Kind
in dürren Blättern säuselt der Wein!
So ist alles nur eine windige Geschichte
und eignet sich bestenfalls
für schlechte Gedichte!

Erinnern

Wo ich einst saß mit meinen Freunden
bei einem Gläschen oder etwas mehr,
da finde ich mich allein.
Es ist, als wäre auch ich versetzt
und abgeschrieben von jener Liste,
die der Alltag setzt an jedem Morgen neu
und doch sich gleich.
Die Gläser sind vielleicht noch jene selben,
aus denen ich vor Jahren Glück geschlürft,
wie ich vermeinte, und im Rückblick sage ich
zu mir:
Du hattest recht!

Die Freunde oder jene,
die ich kritiklos als solche ansah,
sie waren so wie ich
in sich allein verknotet,
und allen anderen
schien dies wie mir normal.
Sie waren da,
um etwas Farbe in die Stunden
unserer Gemeinsamkeit zu bringen.

Gemeinsamkeit,
weil jeder zwar für sich,
doch auch für seinen Nächsten,
auf den Tisch gestützt,
den langsam trüber werdenden Blick
zu durchleben suchte.

Tot,
alle sind sie tot
oder vielleicht auch irgendwo,
was weiß denn ich,
in einem Hinterzimmer,
angstvoll dem Zerpochen ihres Herzens
lauschend.

Ich aber bin da,
und richte mich nach vorne,
gestützt auf eine Polsterlehne
vor mir ein Heftchen,
das ich mit leicht gekrakelten Buchstaben
beschenke.

Ich beschenke mich mit Leben,
im Andenken an jene,
die es gerne mit mir teilen wollten,
wäre dies
Option …

Ins Blaue

In das Blaue einzuschreiben,
was sich als Kontrast ergibt,
heißt wohl auf die Spitze treiben,
nur weil man Kontraste liebt.

Schön ist, wenn man meidet, dass
die Farbe allzu sehr banal
und es macht dem einen Spaß,
was anderen bereitet Qual.

Freilich soll man nicht zu sehr
auf die Tränendrüsen drücken,
da ja ohnehin schon schwer
ist das Füllen jener Lücken,

die in uns sich mehren, mehr und mehr
und man weiß es nicht warum,
man entdeckt, dass man ist leer,
glaubte klug sich und war dumm.

Ermuntern

Was nützt es, wenn ich mir entlaufe,
dem Trott des Alltags zu entkommen?
Ich käm vom Regen in die Traufe,
wo sind noch Hilfen, die mir frommen?

Wenn ich so jammere, könnte man meinen,
das Glück, es hab von mir sich abgewandt
und wärmend will die Sonne nicht mehr
scheinen
für mich in meines Lebens düstrem Land.

Doch alles dieses ist nur allzu wahr,
weil ich vor Gram erblindet nicht mehr sehe
noch glaube, dass sich leuchtend wunderbar
der Erdball so wie immer weiterdrehe.

Gibt es denn keinen Ausweg aus der Trübe?
Reiß auf die müden Augen, sei ein Mann
und schieb das Trauerbild von dir nach drüben,
weit weg von dir, wo's nicht mehr schaden
kann.

Wir müssen alle uns von Müll befreien,
vom Abfall, der auf unsrem Dasein lastet.
Dann lacht das Leben uns und mit Schalmeien
besingt es den, der nicht auf Lorbeeren rastet.

Denn Leben ist nicht Ruhen, ist Bewegung,
Bejahen des Schönen, Nein zur Apathie,
die uns behindern will zu jeder Regung
für Frohsinn, Freude, Glück und Harmonie.

Im Wartezimmer

Nichts geht über als die Milch, und
selbst die geht nicht, sondern läuft!
Und das ist schlimm genug.
Damit wären wir jetzt beim,
wie man sagt,
es hat sich! Aber es hat sich nichts,
denn erstens weiß ich nicht, was das heißt,
und außerdem oder zweitens,
wenn es etwas hat,
dann hat es das für mich,
oder es hat es nicht für mich,
oder nicht für sich!

Schaue ich aus dem Fenster,
vermeine ich,
ich wäre in einem Wunderland,
in dem die Farben verschwunden,
nur noch schwarz und weiß.

Verschnaufe ein wenig.
Bibelsucher, Poet
oder zumindest vermeintlicher,
denn Kallisto, nein Kalypso
(falsch, du meintest Euterpe),
oder welche von den Musen
für die Poesie zuständig war,
was weiß denn ich,
da man mir den Alterungsbazillus
in den Schädel gesetzt
und ich alles,
alles zu vergessen
beginne.

Morgen ist Sonntag

Morgen ist Sonntag.
Na und?
Nur weil heute Samstag ist,
muss morgen Sonntag sein,
und das soll dann etwas Besonderes sein?

Sonntag,
der Tag des Herrn,
der immerhin 6 Tage gearbeitet,
um die Welt zu schaffen.

Da sieht man wieder,
dass Fleiß allein nicht genug ist.
Er hätte sich Zeit lassen können,
und dann könnte ich jetzt mich umdrehen
und weiterschlafen,
ohne mich darum zu scheren,
ob morgen Sonntag sein wird.

So dann und wann

Oft denke ich, wie schön es wohl wäre,
könnte ich einer der Fürsten sein,
denen sich zu nähern ist eine Ehre
und schenkt selbst dem Wasser das Edle vom Wein.

So dann und wann aber
habe ich Gedanken,
die irgendwo im Nichts
sich zu verlieren scheinen.

Dann schüttle ich den Kopf
und denke,
dass es wär zum Weinen,
wenn ich nicht folgen könnte,
was von der Gewohnheit Schranken
sich hält vor mir verborgen.
Doch dann
kommt mir auch wieder der Gedanke
an das, was mir so lieb und teuer,
war – vielleicht auch bleibt.

Ich denke,
greife nach der vagen Ranke,
die mir von der Vergangenheit noch bleibt,
obwohl mir etwas Neueres zwar
bestimmt noch lieber wäre.

Und dann und wann,
und irgendwann,
wird mir bewusst,
wird es mir klar,
dass alles,
was auch immer es nur sei,
es war,
es ist nicht mehr,
es ist
vorbei …

Ich klage an

Schicksal,
So nennt ihr dies mein Los,
das irgendwann und irgendetwas
oder irgendwer für mich einst definierte!
Oder auch nur die Akzeptanz
des Augenblicks
in den Raum,
die Zeit gestellt!

Ist es natürlich?
Es könnte ohne Absicht
und auch moralisch sicher ungewollt
ein Lüftchen
meiner unteren Leibeshälfte entweichen,
ein Gasgebilde,
das meine Verdauung produzierte,
und dieses Magenwindchen,
leise oder dröhnend auch,
vielleicht sogar von schlechter Aromatik
geschehen,
wenn ich nicht allein,
leicht geknetet
von den Händen des Masseurs,

oder
im gleichen Augenblicke,
da der Geliebten
bebend Lippen
sich mit meinen endlich
zu dem lang ersehnten Kusse treffen
oder
ach,
wie kann die Natur so grausam sein,
und, was geschehen muss,
im falschen Augenblicke
sich ergehen lässt?

Ich hätte gerne einen schwarzen Rand
um meine Brille gezogen,
denn, wie ich leider zu spät erkannt,
fühle ich mich wieder betrogen
von der Süßholzrasplerei im Optikerladen,
deren Beratung, oder was immer das sei,
zielt darauf ab, nur Gewinn zu haben
zu meinem Schaden.

In der Auszeit, der gemütlichen Konditorei,
habe ich einen Kaffee getrunken
oder war es ein Cappuccino?
Dazu ein Sandwich mit Aufstrich von Ei,
das man nicht in den Kaffee soll tunken!
Tunken, das heißt vielleicht eintauchen oder
tippen,
doch es verhalf mir zu keinem Funken
von Fantasien, Ideen, wie man sagt, zu
verlinken.

Dabei sitze ich mit dem Rücken zum Eingang,
der zum Lindwurmplatz hin ausgerichtet,
und ich wundere mich, ob dies im Einklang
zu dem steht, was man darüber berichtet:

Doch selbst das ist noch übertrieben,
denn wer weiß denn schon, wer denkt daran,
wenn die Erinnerungen sich verschieben
ins fast schon erloschene Irgendwann,
an fahle Lichter vergessener Alleen,
in denen dereinst als Kind,
oder war es später,
die schwächliche Röte
halb verschleierter Abende mich höhnte.

Kopfschmerzen

Um fünf oder sechs in der Früh
ist das Feld vor meinem Fenster noch dunkel,
als wollte der Reif sich Zeit lassen,
es mit seinem Glast zu bedecken.

Ich denke an …
Gott und die Welt
pflegt man zu sagen
und findet das wohl gespreizt
und sogar ein wenig lächerlich,

ich aber versuche, meinen schmerzenden Kopf,
meine brennenden Augen
und was noch zum Teufel,
mich in die Zeichen zu versenken,
an die Sprache zu denken
und das Wort
meiner Sprache.
Denn ich suche den Klang meiner Sprache,
will meine Stimme in den Gesang erheben,
um zu sagen,
nein, nicht was ich nicht weiß,

so repetitiv bin ich nicht einmal um sechs des Morgens,
nein, ich finde mich zurück zum Wort,
das das Leben aussagt
oder das Sein oder vielleicht auch …,

Aber das wage ich selbst nicht einmal zu sagen,
weil ich mich blasphemisch fühle,
lächerlich mit meinem Geplapper,
den Anrufversuch ohne Mut,
der Beschwerde an mich selbst
und der Leere, in die ich greifen möchte,
in die ich singen möchte,
meine Stimme hören, wie sie einmal,
vielleicht nie,
gewesen, aber wie ich sie in mir hörte,
wenn ich Worte und Namen zu singen versuchte
in der Hoffnung gehört zu werden,
in der Hoffnung, dass ich in ein Gespräch finde
in meiner Sprache, in der ich vibriere,
in der ich sagen kann,
sagen kann …

Aber die Kopfschmerzen sind noch da,
und die Krankenschwester,
die mir eben die Temperatur,
angenehme 36,6, sagte,
wird mir auch gleich eine Betäubung
dieser Schmerzen zu vermitteln versuchen,
und dann wird der Morgenfrost das Feld vor mir
mit seinem Reif, kalt, aber schön,
unpersönlich anbieten,
um mich die Kopfschmerzen vergessen zu lassen,
weil ich immer wieder hoffe und wünsche,
dass ich mich in diesem Leben
glücklich fühlen kann.

Was bin ich

Was bin ich,
wenn ich nichts mehr bin
als eine schwindende Erinnerung
in eines Freundes Rückblick,
ein Name nur noch im Familienbuch
und auch gelegentlich vielleicht
ein Stirnrunzeln und der Kommentar:
Ach der!

Die Freunde aber,
die sind auch schon lange heimgegangen,
wie man sagt,
und die Familie hat Wichtigeres,
wie sie meint,
vom Leben zu erwarten,
und alles ist viel wichtiger,
wenn es uns selbst betrifft
und vor uns liegt!

Und soll ich darum traurig sein,
gekränkt vielleicht sogar,
weil ich mich etwa wichtig fühlte
und nichts von dem,
von mir,
verblieb?

O Eitelkeit,
Man sollte wieder beten lernen,
um in der Illusion
sich zu bescheiden.

Der Ignorant

Ich hörte nie das Schlagen der Nachtigall.
Als Kind sah ich im Zirkus Tiger, Elefanten.
War ich im Wald,
erkannt ich etwa Fichten, Föhren,
vielleicht auch Pilze, Beeren
oder Sträucher.

Man lobte in der Schule,
und auch später,
mich ob meiner, wie man sagte,
Intelligenz!

Doch wenn ein welkes Blatt
den Fuß mir streifte,
war ich verwirrt,
zitierte, was an Poesie mir einfiel,
und fühlte mich gerührt.
Vom Leben um mich weiß ich wenig nur,
verstecke mich im Wort
und der Kultur.
Denn die hilft immer dort,
wo man verliert die Spur
und sich verloren fühlt.

Fantasien

Hinaus
durch das vom Schutznetz
nur leicht schattige Fenster
blicke ich auf den steinigen Hof:

Sonne,
endlich wieder bist du da,
du mein Licht, meine Freude,
Liebling, den ich an mich drücken möchte,
Leuchtende,
du meine Wärmende und Spendende,
du meine Liebe, die mich nährt und tränkt
und mich dorthin heben kann,
wo ich mich glücklich fühle nur mit dir.
Mit dir, meine Liebe,
mein Licht, meine Sonne.

Wie kann ich dir danken,
dass du da bist,
dass du mich trägst in deinen Lichtarmen,
deiner schimmernden Haut,
die ich streichle in meinen Träumen,
ja, den Träumen allein,
denn schon lange hast du dich entfernt
nicht im Raum, nicht in der Zeit,
aber von dort, wo wir einst waren,
und ich,
ich bleibe allein in meinen Gedanken an dich
und dem Bild, das ich in mir trage, wenn ich
an dich denke, dich zu spüren vermeine und
meine Hand deine zarten Liebesknospen
hauchgleich überstreicht.
O Sonne!

In der Menge

Ob mein Trippelschritt noch jemanden amüsiert?
Vielleicht?
Denn irgendeiner der Passanten,
der mir im Staub und Straßenlärm
mit einem Blinzeln seiner müden Augen
doch kaum was sagen will,
wenn ungewollt ein Rempeln, fast einen Kontakt,
doch fast nur, herstellt,
dessen Intimität dem eines Regenschirmes gleicht,
den er vergisst oder auch verliert,
und dessen herbes Schicksal
kaum beweint.

Duft

Materie, plumper Batzen,
der mich nach hinten zieht,
wenn ich dich berühren will.
Da kann doch kein Gefühl sein,
was kann da wohnen,
wo nur plumpe Masse
gefühllos, stumpf, taube Masse,
nicht einmal das Räuspern des überfüllten
Magens
und das Kratzen zwischen den Beinen
bis zu der Hirnschale leitet.

Der Duft der Damen
rieselt wie der Schweiß des Gärtners
in die gierig nachgreifenden Hände des Knaben
auf der Bank.
Hinter den Büschen befreit er sich
von dem Drängen in seinen Leisten
und dem Druck,
der später, irgendwann einmal, doch gewiss,
von der Prostata, unwillig, aber doch
übernommen werden wird.

Andere aber wissen immer mehr
von dem, was eigentlich,
aber das versucht man zu verschweigen,
keiner wirklich wissen will.

Was liegt denn, wie man sagt, in der Luft,
aufdringlich, lästig,
vielleicht sogar verletzend,
denn es brennt in den Augen, im Rachen
und sonst wo, ja selbst dort,
und man sucht Salben und Säfte,
sich zu befreien.

Wenn ich die Hand schüttle,
nur ausschüttle, nicht anderen gereicht,
kribbeln die Ameisen vorwärts
in die Fingerspitzen und jucken
kribbeln und jucken,
aber man sieht sie nicht, da sie ja unter der Haut
oder vielleicht sogar nur virtuell sind,

ein Gleichnis, ein Bildnis, eine Metapher,
eine Umschreibung,
geglückt, wenn sie im Empfänger,
dem Leser, dem Zuschauer, dem Zuhörer
das erleben lässt, was der Beschreiber
übermitteln will.

Was aber will ich sagen, was verschweigen
und warum?
Wie aus einem Eisblock sich langsam ein Tropfen
sammelt, sich formt und sich löst
zum Fall, der ihn im Aufprall zerplatzen lässt,
so schäle ich furchtsam einen Gedanken aus mir,
den ich behutsam einem Untergrund
zuführen will,
der ihn aufnimmt und annimmt ohne Zerstörung
in der Ruhe, Gewogenheit und betrachtender
Stille.

Es ist ein Ros

Es ist ein Ros entsprungen,
hieß es in einem Lied,
das wir dereinst gesungen,
bevor die Zeit uns schied.

Wir sangen fröhlich, unbeschwert
vom Grübeln nach dem tieferen Sinn.
Das Leben hat uns dann gelehrt:
Fromm sein bringt nicht Gewinn!

Die Rosen kaufen wir im Blumenladen,
um irgendwelche Freunde zu beschenken,
ein bisschen Speichellecken kann nicht schaden
und leichter uns zum Ziel hinlenken.

Das Ziel? Das wir im Leben suchen?
Wir schreien danach zum Bersten unserer
Lungen!
Ob wir damit das Glück im Dasein buchen?
Es ist vielleicht ein Ros entsprungen.

Wo hat sie ihre Blüte aufgetan?
Wo steigt ihr Duft in unsre trocknen Nüstern?
Wie passt dies Bild in unsren Alltagsplan?
Wo in des Tages Lärm hört man ihr Flüstern?

Wie gerne wollte ich dies Lied noch hören,
Das mich einmal betört, bezwungen.
Psst, lauscht! Ihr dürft nicht meinen Traum zerstören!

Es ist ein Ros entsprungen.

Ein kleines Bier

Ein kleines Bier
und ein Kaffee
und das zum zweiten Frühstück
auf dem Markt.

Ich brächte dies nicht aufs Tapet,
hätt' ich vor Jahren nicht gehabt
den Herzinfarkt,
der, um exakt zu sein,
kein Infarkt war,
sondern ein A bzw. IVC,
als eine Vene im Gehirn,
davon nur einen Teil,
glücklicherweise nur einen kleinen,
vorübergehend störte,
was man populär
dann einen
Hirnschlag
nennt.

So sitze ich jetzt auf dem Markt
bei Bier und dem Kaffee
und grüble:
Was wäre,
wenn
sich diese Vene
anders hätt' besonnen
und nicht gestreikt?

Wär ich dann hier
bei einem kleinen Bier,
nicht eher einem großen?
Wär ich nicht eher anderswo
und überhaupt:

Es war doch eher Wein,
der rote ganz besonders,
den ich,
na ja, geliebt ist etwas übertrieben,
doch gern und
überhaupt,
wie ich jetzt denke,
viel zu oft
und viel zu viel
getrunken.

Wenn aber diese Vene
damals
das Blut ein wenig länger,
zu lange,
nicht wieder hätte fließen lassen wollen,
dann säße ich nicht hier bei einem Bier,
noch sonst wo,
oder?

Belauschen

Weil ihr manchmal heiß ist,
oder auch der Schwächeschweiß auf ihr liegt,
deckt sie sich auf und liegt
rücklings auf der Steppdecke
und starrt in die Nacht
durch die geschlossenen Augenlider.

Ich höre sie atmen,
ganz leise,
sodass ich mich zu ihr drehe und versuche,
den Atemzügen zu folgen.
Dabei stört mich
mein eigenes Atmen
und das Pochen meines Herzens,
denn ich liege jetzt auf der linken Seite
und lausche.

Wenn ich jetzt nur ein wenig
meine Hand auf ihre Hüfte legen könnte,
würde sie, vielleicht, diese wie eine lästige Fliege
mit Zucken oder einem Aufstöhnen
abwehren,
wahrscheinlich.

So rühre ich mich nicht.
Schiebe nur diese Hand
zwischen meine Oberschenkel
und spüre mich.

Meeresfelsen

Denn das Gefühllose dauert
und das Gefühlte zerfällt.
Allzu kurz nur,
zwinkerndes Auge des Schicksals,
wiegt sich der Fühlende auf den Wogen
eines Meeres,
das den Fels umspült durch Äonen,
ehe dieser,
aufgelöst,
in den Wassern verrinnt
oder sich an den Ufern
zu Sand verliert.

Ich aber
lasse meinen Blick wandern,
Sand, Land und Meer
und der Himmel erst
mit seinen Wolken,
die sich am Abend
im Dunkel verhüllen
und vielleicht wegtreten,
um mir die Sterne zu zeigen.

Wanderer
im Himmel, dem Meer und auf der Erde

Wildgänse rauschen durch die Nacht …
dies Bild, die Klänge,
bewundernd atme ich, nehme in mir auf,
was sie geheimnisvoll
entsenden in meine Einsamkeit.

Die Vögel wissen ihren Platz,
zu suchen in der Formation
und welche nächste Rast
ihr mehr und mehr geschwächter Flügelschlag
sie noch erreichen lässt.

Was lassen diese Zeichen in uns wecken,
wenn wir sie betrachten:
die Variationen,
ständigen Umformungen,
wie in den Himmel
Linien zu schreiben scheinen
die Schwalben, Kraniche und Stare.

Bewundern auch der Heringsschwärme
Fächerungen in den Meeren,
der Ameisen verwirrte Tanzesschritte?
Wir, ihnen gegenüber,
sie nicht verstehend, taub und blind,
bewundernd vielleicht oder geschockt auch
vom rätselhaften Code.

Die Zeichen zu enträtseln
und ihnen Sinn zu unterlegen
haben einst die Weisen unsrer Ahnen
unternommen
und meist versagt.
Doch lieben wir auch die Legende.

So fügt die wundersame Überlieferung,
wie dank der Kraniche der Mord an Ibykus
gesühnt
und Schiller sehr poetisch uns beschrieben,
sich ein in diese niemals endende
Historie von der Deutung der Natur.

Polsterschlacht

Ähnelt das Leben nicht sehr einer
Polsterschlacht,
bei der man mit Daunenkissen sich schlägt
und hüpft und springt, schreit im Spaß oder
lacht
und übermütig ist, gut aufgelegt.

Man lacht sogar, wenn diese Kissen platzen,
die Federn wirbeln und alles bedecken.
Man will sich doch nicht das Vergnügen
verpatzen.
Spiel soll es bleiben, um den Ernst zu
verstecken.

Doch dann muss man anhalten, um zu
verschnaufen.
Man liebt sich vielleicht oder geht aufs
Klosett.
Aufräumen müsste man, zum Autobus laufen.
Zurück bleibt ein kaltes zerwühltes Bett.

War es lustig? Wer hat bei dem Spiele
gewonnen?
Man mühte sich ab und was hat es gebracht?
Am Ende ist alles, was mutig begonnen,
zerronnen,
zerplatzt wie Kissen in einer Polsterschlacht.

Verlaufen aller Zeiten

Wie schön war doch das Leben,
als man noch frisch und keck
beim edlen Saft der Reben
nicht fragte nach dem Zweck.

Die Nacht verging mit Scherzen
und Liebeständeleien.
Erloschen dann die Kerzen,
war glücklich man zu zweien.

Am Morgen das Erwachen
zur Sonne und zum Heut.
Wie konnten wir da lachen
und haben nichts bereut!

Was ist davon geblieben?
Denkt nicht zu viel zurück!
Das Alter hat vertrieben
von all dem Stück für Stück.

Das Atmen fällt uns schwerer.
Der zweite Stock ist hoch.
Der Kopf wird immer leerer,
als hätt das Hirn ein Loch.

Wo ist ein Platz zum Sitzen?
Das Zipperlein uns plagt.
Man kommt so leicht ins Schwitzen,
wenn man nach Gelsen jagt.

Doch Jammern und Beklagen
stört nicht den Lauf der Zeit.
Wir müssen es ertragen:
Alter, vermaledeit!

Gott ist kein Emigrant

Stets immer nur zu erzählen, was allen gefällt,
bekommt der Geduldigste schließlich auch satt,
denn es tut sich so manches andere auf dieser Welt,
doch davon reden ist ein anderes Blatt.

Ich blättere nicht ungern auf solch andere Seiten,
wo man den Neugierigen meist auf die Finger klopft.
Wer davor Angst hat, vermeide besser das Streiten,
verbleib in der sicheren Tradition und verzopft.

Habt ihr bemerkt, wie die Meinung der Leute gewandelt,
sodass es fast Schande erscheint, ein Mann noch zu sein?
Denn immer, wenn es sich um etwas Wichtiges handelt,
entscheiden die Frauen und die Männer willigen ein.

Mit großen Lettern schreibt man Humanität.
Birst fast vor Caritas, sieht man die schwangeren Leiber,
die der Migrantensturm ins Land uns geweht,
hungernde Kinder und verschleierte Weiber.

Man öffnet die Tür und wie Lava strömt es herein,
ernährt sich von uns und wird uns schließlich verschlingen.
Verblendete sagen, Brüder wollen wir sein
und hören lächelnd die Suren des Korans besingen.

Die sich einnisten, wünschen: Das Christkind verschwinde,
die Krippe auch und das Schweinefleisch in der Schule,
die Scharia gelte und vom Gesetze entbinde,
kein Sex ohne Ehe und das Gefängnis für Schwule.

Gottes ist der Orient!, sagt Goethe,
doch auch, dass Gottes ist der Okzident!
Auf dass der eine nicht den andern töte,
bewahre er, was ihn von jenem trennt.

Sei es Jehova, Herrgott oder Allah,
Gott ist kein Emigrant und bleibt daheim.
Wo man auch hinkommt, er ist immer da,
er ist die Blüte, Blume, Frucht und Keim.

Es wäre Unzucht, wenn man ihn verpflanze
und ihn bekämpfe unter seinem Namen,
verfluche andere, seh nur sich im Glanze,
denn Gott ist Gott und da für alle. Amen.

Gang in den Abend

Leise legt der Abend weiche Schatten
auf Gärten, Wiesen, Wälder und er lauscht,
wie sanft des Tages Atem im Ermatten
verspielt in dürren Blättern rauscht.

Ich gehe die schattigen Wege entlang
und spüre, genieße das raue Liebkosen,
wenn ein Blatt mich streift wie ein Gesang,
wie ein ferner Duft vertrocknender Rosen.

Dann aber sind um mich nur die Pinien,
die sich noch im Abglanze regen,
Zypressen, deren verdämmernde Linien
sich hin in die Nacht zum Schlafe legen.

Mir wird der Weg endlos und schwer.
Die Füße halten und zögern und tasten,
als wäre kein Weiter, nur Nimmermehr,
nur Friede, nur Heimkehr, nur Rasten.

Frühling

Leicht wie im Tanz umdreht das verhaltene Blühen
des sich verkündenden Grüns in Wiesen und Gärten
ein fröhlicher Wind, den die Feuchte des schmelzenden
letzten Schnees aus schattigem Schutz erfrischt.

Darüber hin spielen Hasch-mich die Wolken
mit der noch langsamen Sonne, die aber jene,
die zu leichtsinnig sich an ihr verbrennen,
in Tränenschauern auf die junge Erde
hinabstößt.

Verwirrt wendet das junge Mädchen
verwegene Blicke
zum jungen Mann, dessen Worte kühner und freier
sie überlaufen und ihren Herzschlag betören.

Die Alten aber, vom Winter geschwächt,
drückt die Wende nieder, trübt ihren Blick
und öfters verhalten sie ihren schleppenden
Schritt.
Des Windes säuselndes Schmeicheln
hört nicht mehr ihr Ohr,
Und sie sind Abschied,
mitten im Jubel des Anfangs.

Im Frühling

Munterer sprudeln im Frühling die Brunnen
und Quellen,
heiter die Winde, neugierig Gras tastet nach
Licht.
Freundschaft will sich zur Liebe gesellen,
Runzeln zerfurchen des alternden Winters
Gesicht,

das er verschämt und grollend versteckt in
den Bergen.
Doch es taut auch dort und zerschmilzt sein Eis.
Selbst Schneewittchen zeigt ihren staunenden
Zwergen,
dass leuchtendes Grün sie besser kleidet als
Weiß.

Verstohlenes Augenzwinkern führt zu Romanzen,
leichter vom Tändeln taumelt man hin zum süßen Genuss.
Gefühle sprühen, sich steigern, erglühen wie im Tanzen
und finden, verbinden und verlieren sich im letzten Kuss.

Die Hitze des Sommers kennt nicht, erträgt nicht Geduld.
Brutal greift sie zu und zerstört die zarte Idylle.
Und niemand glaubt, er wäre daran schuld:
Es war des Frühlings leicht verspielter Wille!

Frühlingsgedanken

Der Jüngling Frühling macht mich meinen Herbst vergessen,
zumindest tut sein Bestes er, dass dies gelinge,
und ich, wie von der Jugendtrunkenheit besessen,
dreh mich im Hula-Hoop mit meinen Jahresringen.

Was habe ich, ich alter Esel, nur im Kopf?
Das Jungsein spürt man in den Knochen und im Fleisch,
und alle Willigkeit hilft nicht mir armen Tropf:
Es tut der Leib nicht mehr, was ich zu tun ihn heisch!

Im Kabarette witzeln gern die Unterhalter
ob des Johannestriebs vergebne Liebesmühen.
Ich lache mit, vergesse, dass ich selbst ein Alter
und meine roten Rosen lang schon nicht
mehr blühen.

Doch sollte ich vielleicht dem jungen
Frühling grollen,
weil er mich denken macht, was ich nicht
denken will?
Viel weiser ist's, sich zu erfreuen an seinem
Tollen,
denn was noch auf mich zukommt, das ist
stumm und still.

Frühlingsabschied

Adieu, du Frühling!
Mach deinen letzten Schnaufer,
bevor du auf ein Jahr zur Ruhe gehst.
Verführ uns nicht zu leeren Wahngelüsten,
denn niemand will mehr deinen Tau verkosten
an deinen sehr imaginären Brüsten,
was du nur allzu gut verstehst,
da einst du dich von Seufzern der Poeten
nährtest,
von ihren Achs, dem Schmachten, den Karessen,
die du den keuschen Jüngling, seiner Liebsten
lehrtest.

Du glaubtest an den Fortbestand
des Dusels der Gefühle,
doch lerntest unter Schmerzen du indessen,
dass diese Zeit vorbei und nur die kühle
Vernunft und die Berechnung in der Liebe gelten.
So lass es gut sein und verdamm nicht diese
Welten
zu Pest und Schwefel oder Diarrhoe!
Wenn du nicht aufpasst, wirst du dich erkälten
im ersten Sommerregen. Hatschi! Schnell Adieu!

Der Herbst ist wieder da

Auch wenn die Abende nun später werden,
das Strahlen des Herbstes ist im Grau verstaubt.
Wie segnend bietet uns das Jahr Gebärden,
an deren Großmut niemand wirklich glaubt.

Die Sonnenbräune ist schon ausgeblichen,
vom Urlaub redet man im Konjunktiv,
man könnte, wollte, ist dann ausgewichen,
weil es ja sowieso ganz anders lief.

Das nächste Ziel? Ach ja, das Jahresende,
der Weihnachtstrubel, der kommt noch zuvor,
und dass man sich beim Skifahren wiederfände,
falls man die Lust dazu noch nicht verlor.

So jagen wir durch Wochen, Perioden
von einem Lebenshöhepunkt zum andern,
doch hält der Alltag uns zurück am Boden.
Wir bleiben sitzen, nur Gedanken wandern.

Silvester

Welch eine Zeit! Du heiliger Strohsack!
Ein Jahr ist schon wieder – beinahe – vorbei.
Mit Feuerwerk, Sekt und Raketen
feiert Silvester das lärmende Pack.

Was gibt es zu feiern? Das ist einerlei,
es hat uns doch niemand zu fragen gebeten.
Doch was man nicht weiß, erzählt andren
man gern,
und jeder vermeint, dass der Klügere er sei.

Zwölf Monate abgelaufen, durchlebt,
was gestern noch war, scheint uns heute so fern:
Man bekaut noch die Frucht, wenn des
Pudels Kern
dem Pentagramm zu entfliehen strebt.

Ach, Fauste, Mephisto, in dieser Welt,
da habt ihr wohl nichts mehr verloren;
es zählt nur, was hier uns und heut unterhält.
Des Pöbels Geschrei betäubt meine Ohren.

Jalousien geschlossen, das Feuer verglimmt
im verrußten Kamin, das Weinglas vibriert
in der fiebrigen Hand. Ein neues Jahr klimmt
aus dem Schoß einer Nacht, die ins Nichts
sich verliert.

Pressiert

Durch die Kirchen zu spazieren,
im Gedränge sich bewegen,
anschauen, weitergehen, passieren.
Opferstock, was ist denn das?
Spenden für die, die hungern? Was?

Das ist doch nicht mein Problem!
Ach, die Bank ist fast bequem,
wenn man sucht sich auszuruhen,
wie es manche häufig tun
wenn sie müde sind vom Fasten.

Manchmal muss man etwas rasten,
nicht zu Gottes Lob und Dank,
nein, nur weil man gerne schlank,
und das Leben will genießen.
Möcht den Hosenbund man schließen.

Ginge nicht, wenn zu viel Fett
um den Mittelleib man hätt'.
Fasten kostet wenig Geld,
hält man durch, ist man ein Held,
gotterwählt und glaubt sich heilig …

Ja, die alten Kirchenmauern
möchte gerne man bedauern,
denn um des Gebäudes Zweck
kümmert man sich einen Dreck.
Wozu auch? Nicht mein Problem!

Glaube lässt sich aufpolieren,
denn man möchte nicht riskieren
falls, man kann es ja nie wissen,
wir von Zweifeln angebissen,
ob nicht doch ein Herrgott sei …

Doch auch das geht schnell vorbei.

Versuchung

Eine Hexe versperrte mir einst meinen Weg,
keine hässliche Alte, kein rothaarig Luder,
doch wenn ich genau es mir überleg,
dann streute sie mir in die Augen ein Puder,

sodass ich geblendet war und wie gelähmt.
Ihre prachtvollen Lippen, ihr herrlicher Mund,
die Augen lüstern und doch wie verschämt,
die zarte Hand streckte aus sie und

wandermüden
müden Wandrer
lade ich zu mir
Bleibt nicht draußen
kommt herein
Findet alles, was ihr suchtet
Hier

Nein, wollte ich rufen, ich wollte entfliehen,
und wollte es nicht, und wusst mich verloren.
In die Hütte zur Liegestatt ließ ich mich ziehen,
da habe in diesem Moment ich geschworen,

*„Nimmer und nie mehr soll mich Lethe berauschen,
dass ich mein nüchternes Denken verlier,
bis Träume und Wirklichkeit sich vertauschen!"*

Ich schrie. Das Scheinbild zerbrach. Ich bin Hier.

Bestellung

Er legte die Hand an seine Stirne
und hörte, wie sich Gesang aus ihm zu lösen
anfing
in die Schleier,
die schwarzen undurchdringlichen Schleier,
die ihn umfingen, liebkosten,
als den Alten ihn priesen,
als den Kommenden, den Künder.

Wie er die Augen öffnete,
die gebundenen Augen öffnete,
in die Schleier,
die, wie erschreckt, plötzlich von ihm wichen,
weil die Nacht sie zurückrief
und Neues kam aus dem Morgen,
das ihm die Lippen aufriss
und den Gesang von ihnen abnahm,
mit dem Entzücken der Verwandlung.

Als dann das Bäumchen, vor dem er gesessen,
sich aufrichtete, wuchs und wuchs
und die Zweige, auf denen die jungen Nadeln
keimten,
im Rhythmus der sich heranwiegenden Wellen
aus Licht und Wind zu tanzen begannen,

als dann die Vögel herniederstießen
aus einem blau entflammten Himmel hernieder,
und sich legten auf den Arm des riesigen Baumes,
der hinter ihm aufragte
und seine tiefe Stimme im Windhauch tönen ließ,

als dann die Blüten und Blumen zu seinen Füßen
ihren Atem zu versenden begannen,
den wohlriechenden,
der durch die Zähne der Blütenblätter
wanderte und weidete,

als dann seine Hände sich hoben,
zu preisen den, der ihn gesandt,
der ihn gesegnet
und als den Erwählten erkennen ließ,

als alle die Zeichen, alle die wunderlichen
prachtvollen, sich verkündigt,
da sank er in die Knie
und verschwieg sich ...

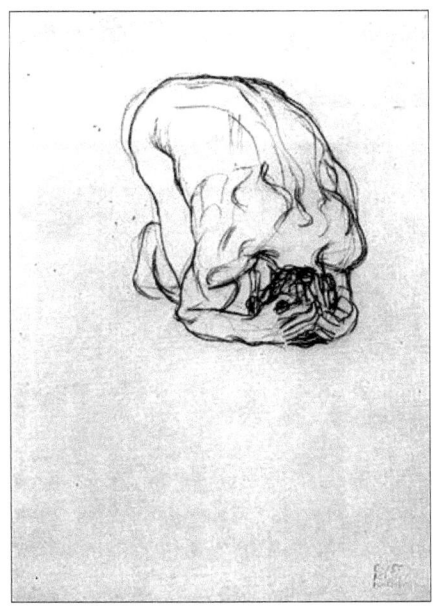

Es jammern die Alten

Glaubst du denn nicht, dass dein wehleidig Klagen
den anderen oft auf die Nerven geht,
es sei denn, sie dürfen von sich selber sagen,
wie es um ihre eigenen Wehwehchen steht!

So wird ein Gespräch unter Greisen geschickt
auf dies Thema gebracht, und in dessen Verlauf,
auch wenn oft der eine schon längst eingenickt,
der andere doch nicht zu jammern hört auf.

Nur eines scheint wichtig in solcher Debatte
– welch hochtrabend Wort, wie klug, wie gescheit –,
dass ein jeder glaubt, dass sie ihm gestatte,
aller Welt zu verkünden, wie einzig sein Leid.

Dies ist ein Zweikampf, in dem jeder siegt,
weil doch nur er selbst sich zum Sieger erklärt,
und sich überzeugt in Zufriedenheit wiegt,
wenn der Sack seiner Klagen erfolgreich entleert.

Drum lasst uns doch unsere Jammerkonzerte,
die erleichtern das Leben ein wenig uns Alten,
da alles, was man, wie man jung war, begehrte,
uns jetzt, da wir alt sind, wird vorenthalten.

Dies Plappern ist unsere Heiltherapie,
die wir lustvoll verfolgen, sobald wir zu zweit:
Wir jammern und klagen und irgendwie
vertreiben wir so unsre Einsamkeit.

Der tote Freund

An manchen Tagen legt wie Schimmel
Erinnern sich aufs schwere Herz,
und ehe noch der Sinn des Wechsels
und des Filters sich entfaltet,
im übermüdeten Bereich
des Hirns sich zum Begreifen formt,
steigt Trauer durch die Speiseröhre
mir ätzend auf in meinen Rachen.

Schnell wieder finde ich zurück
und frag, woher das Rufen kam,
wer an mich dachte, wen ich dachte,
als dieses Denken mich durchdrang,
sich lähmend von der Stirne senkte,
und ich geschlossnen Auges suchte
nach einem Namen, einem Bild
von einem, den ich einst gekannt.

Du also warst es, vermein ich zu wissen,
da des Freundes lachendes Bild mir erscheint,
wenn auch die Züge, so seltsam verfremdet,
den andern, den vielen zu gleichen beginnen.

Dann wird auch das Lachen verloren, als wär
es dir auferlegt, Unmut zu zeigen,
bis die Bewegung des Mundes gefriert,
und du verschwindest, verbleichendes Bild.

Ich hebe die Hand und streich aus der Stirne
verwirrte Gedanken wie lästige Runzeln.
Den Rücken straff ich, ich drehe den Blick
zu dem Foto, das uns noch als Jünglinge zeigt,
wie wir beide die Welt noch zu ändern glaubten.
Du, ruft mein Blick ihm zu, du hast gemeint,
dass doch nur jenes gilt, was man versucht.
Ausgelöscht bist du, und mir bleibt die Trauer.

Steigerungsstufen

Liebste, so wolltest du, dass ich dich nenne,
auch noch am Morgen nach durchliebter Nacht.
Doch als ich's versuchte, da musst ich bekennen,
dass dies mir schwerfiel, und du hast gelacht,

dann mir einen Stupser dort unten verpasst,
wo vorher am Abend ich in meiner Fülle
stolz mich gefühlt und sogar geprasst,
doch jetzt nur noch schweigende, trocknende Hülle.

Sollte ich lernen, wie sich deklinieren
die Lust und die Liebe, sich Geben und Nehmen?
Kann sich mein Sprachgefühl wirklich so irren:
Superlativ bei dergleichen Themen?

Steig ich jedoch von oben herab,
vom Elativ endend im Positiv,
so schaufle ich unsrer Leidenschaft Grab.
Was immer ich tue, es läuft alles schief.

Wie klingt „meine Liebe" so schrecklich banal.
Pastorendeutsch mit dem Finger erhoben.
Lauwarme Liebe schmeckt schal, doch fatal
erweist sich Grammatik, mit Liebe verwoben.

Wär ich doch ein Faschingsnarr

Wenn ich was sage, hört man selten zu,
und falls dann doch, legt auf die goldne Waage
man jedes Wort, obwohl ich alles tu
nicht aufzufallen und mich nie beklage.
Dann denk ich auf dem Hocker einer Bar,
ach, wär ich doch ein Faschingsnarr!

Ich würde meinen Freunden gern erzählen,
was mir so einfällt, mich erfreut, bedrückt.
Die aber wollen immer selber wählen,
von wem und was zu hören sie entzückt.
Ich bleib allein, sowie ich's immer war.
Ach, wär ich doch ein Faschingsnarr!

Die Träume suchten lange schon das Weite,
wer will denn die Probleme andrer hören?
So geht die edle Nächstenliebe pleite.
Man trägt ein Schild mit „Bitte nur nicht stören!",
als brächt mein Wort das Leben in Gefahr.
Ach wär ich doch ein Faschingsnarr!

Doch sage ich von Schwarzen, Braunen, Roten,
was alle denken, doch zumeist verschweigen,
bewerfe sie mit Dreck, erzähle Zoten,
dann darf ich offen mich der Menge zeigen.
Die jubelt: Grandios und wunderbar!,
mir zu, dem armen Faschingsnarr!

Jenseits des Fensters

Der kleine Fensterspalt,
durch den ich oft nach außen schau,
zeigt nackt und grau
mir einen Himmel,
ausgebleicht und alt.

Vielleicht sind draußen Flüsse, Wiesen, Wald,
von denen man aus Büchern mir gelesen,
doch wie das auch in meinem Schädel widerhallt,
in mir bleibt nur: Was wär gewesen?

Seit wann, warum …?
Die Mutter konnte es nicht wissen,
dass dieses Mittel, ihr vom Arzt verschrieben,
um die Beschwerden ihrer Schwangerschaft
zu lindern,
für mich, da ich noch Fötus in ihr war,
das Wachsen und Entwickeln meiner Glieder
so hindern würde, dass ich zwar ein Leben
mit dem Schrei des Neugeborenen begrüßte,
doch dann, als ich zu denken anfing,
ich nicht begreifen konnte,
es nicht verstehen wollte.

Die Mutter konnte es nicht wissen.
Wie sie, trägt niemand Schuld daran,
dass ich geworden, so wie ich jetzt bin,
gebunden an ein Bett, allein befähigt
den Kopf zu heben und zu wenden,
wenn ich gefüttert werde, oder
Verdautes aus dem Rumpf zu stoßen,
wenn man es so von mir verlangt.

Vielleicht jedoch war ich es selbst,
der es verhindern hätte können,
als damals ich Idee erst, Wille,
ins Dasein mich gewaltsam drängte?

War da noch etwas anderes?
Ist da noch etwas anderes?
Kann etwas, oder jemand, oder …
sich auch nur denken, ob es anders
sollte sein, geworden sein?

Ist dort ein Himmel, ein bestimmtes,
ein unbestimmtes Irgendetwas,
das dies hier alles trägt und lenkt
und ohne Ziel noch Wert besteht?
Wenn ich für jenes ohne Namen,
das ich nicht lernte zu benennen,
nach einem Namen suche, so,
da es doch ich und alles ist,
will ich es auch mit Du benennen
oder auch Gott, mein Gott? Was soll's!

Ich sehe durch den Fensterspalt
auf einen nackten, grauen Himmel,
der ausgebleicht und abgenützt!

Innenmarsch

Warum ich manchmal glaube, dass es sinnlos sei,
nach Werten sich zu richten, an die niemand
glaubt?
Woran das liegt? Ich gehe an mir selbst vorbei
und drehe mich nicht nach mir um, und
überhaupt!

Da grabe ich in meinem Schädel im Gerümpel
aus leeren Lustphiolen und zerrissenen Träumen.
Ich wate wie betrunken durch den Wortetümpel,
um den Beginn der Wirklichkeit nicht zu
versäumen.

Und wie ich hoffe, an das Ufer zu gelangen,
dem Dunkeln zu entfliehen und allem, das
bedrückt,
verspüre ich, wie mich die Sinne wieder fangen
und was ich nahe glaubte, ist erneut entrückt.

Ablauf

Ich weiß, ich kann die Welt nicht umgestalten
und könnte ich es auch, ich wollt' es nicht,
drum bleibt die Welt, so wie sie ist, beim Alten:
zwar täglich jüngster Tag, doch kein Gericht!

Die Zeit ist schlecht, das wird man nicht bestreiten,
und das gilt ganz besonders für das Heut',
wir können unser Leben nicht bereiten,
das sich so bietet, wie es sich uns beut.

Stets gleiche Runden, gleiche alte Fiasken,
als wäre diese Welt ein Karussell,
auf dem wir selbst sind jene bunten Masken,
die nimmermüde treten auf der Stell.

Dann stellt vielleicht der Ringelspielbesitzer
ab die Musik und unser Drehen verhält.
Doch keiner weiß warum, ob einen Witz er
sich dabei denkt oder vergisst die Welt?

Dann sind auch wir so ziemlich bald vergessen.
Es sitzen andre, wo wir früher saßen,
die wie wir fluchen oder lieben, essen
und träumen von dem Glück, das wir vergaßen.

Dann ist auch das vorüber und vorbei.
Der Ton des alten Grammophons vergeht,
und niemand fragt mehr, warum es so sei,
dass jetzt auf allen Uhren Zero steht.

Wie könnte dies auch zur Erregung führen,
da solches sich nur gibt in Fleisch und Blut
und leere Schatten einzig Leere spüren.
Es wächst und reift das Nichts, wenn sich
nichts tut.

Schattenspiel

Können Schatten brennen?
Hasst es mein Schatten,
wenn ich die Augen schließe?
Wag' ich bei Tag mich ins Freie,
hängt er sich an meine Sohlen,
auch wenn ich mich nicht bewege,
wandert er langsam mit Uhrzeigersinn,
unsichtbar, sichtbar, immer um mich herum.

Einst saß ich im Park mit einem Wesen,
von dem ich heute nichts mehr weiß,
und damals wohl auch kaum etwas gewusst.
Vor unseren Füßen lagen grinsend die Schatten.
Das Grinsen seh' ich noch immer,
auch wenn ich heute allein unter der alten
Platane hocke,
um meinen Schatten von ihr zerdrücken zu
lassen.

Wenn aber zwei oder mehrere Schatten sich paaren,
wird es dann schattiger, schwärzer?
Gibt es schwärzer als schwarz?
Bricht ein Licht auf von irgendwo,
zuckt mein Schatten zurück, erschreckt,
als wollte man ihn verbrennen,
und er verkriecht, versteckt sich,
verkriecht sich, versteckt sich in Winkeln
oder wirft sich herum nach hinten,
hinter die Widerstände,
die Wurzeln und die Hinterseite des Lebens,
das sich dem Licht entgegenstreckt,
um hinter sich den Schatten zu wissen.

Angst aber hat er, mein grinsender Schatten,
dass dieses Spiel mit dem Licht
nur verloren werden kann,
denn wenn ich einmal,
na ja, sagen wir, verschwinden sollte,
verschwindet auch er wohl,
erstickt neben mir „6 Fuß unter der Erde"!

Sechzehn Zeilen

Da deinen Namen meine Lippe trug,
den wundgeliebten und vermaledeiten,
stieg mein Verlangen, dich zu mir zu geleiten
und dich zu halten, wie den vollen Krug,
aus dem mir einmal deine Liebe floss,
und mich mit blinden Gesten so umwog,
dass sich mein Leib ergab in deinem Sog
und deine Fülle sich auf mich ergoss.

Die Erde ich, die deine Feuchte trank,
Gewitter, Sturm und Himmel du, ja du,
so jauchzten wir berauscht einander zu,
bis sich der Zauber brach, die Lust versank
und unsre Blicke sich zur Seite wandten.
Dann gingst du fort mit einem leisen Gruß,
wohin? Ich lauschte deinem leichten Fuß,
der zögernd sich verlor im Unbekannten.

Lamento eines älteren Herrn

Der Alterswurm benagt mein Hirn.
Die Nächte sind prostatagestört.
Frau Venus ist nur mehr Gestirn.
Man findet vieles unerhört!

Zumindest eine Stund' spazieren,
weniger essen, kein Tabak!
So spricht der Hausarzt, sonst verlieren
die Glieder ihren flotten Track!

Was weiß denn der, der junge Spund,
auf welchem Track einst ich mich labte,
mit welchen Gliedern, welchem Mund
ich meine Jugendzeit durchtrabte?

Vorbei ist vieles, doch nicht alles,
es blieb mir noch die Fantasie,
mit der ich dann gegebenenfalles …
Na ja, und Sie, was meinen Sie?

Der Mensch geht vorbei

Und er geht, und er geht,
und er geht so lange vorbei
an den herrlichen Dingen,
die die Welt uns zu schenken,
die Welt zu verschenken bereit ist,
wenn du, Mensch, nur willst!

Aber der Rabe des Unheils,
des Unheils Rabe,
sitzt auf der Schulter des alten Bornierten,
der immer noch glaubt,
dass das Leben von ihm kommt
und seinem Samen,
den er der fleißigen Göttin in Hülle gespendet,
in Hülle gespendet.

Suchst du den Schein, die trügende Hoffnung?
Fragst du die Tiere, den tierischen Ernst,
denn sie können nicht lachen,
die Tiere, die Tiere, die Tiere,
denn wenn sie lachten,
was wäre das wohl,

wie wenn wir wagten, den Blick,
einen winzigen Blick,
in uns selber zu werfen,
um dort den hungrigen Fresser zu finden,
den Vielfraß, den Eklen,
der sich so stolz auf sein Menschsein beruft
und die Tiere, die traurigen Tiere,
verschämt in die Schlachthäuser schickt,
sie verwandelt zu Wurst oder Braten
oder auch Brei für die liebliche Katze,
dem herzigen Hund aus der Konserve serviert.

Was also will der Rabe,
der auf der Schulter des schweigsamen Alten
so gerne verweilt und dort kreischt,
mit Exkret seinen Träger verächtlich beschmiert?

Sagen will er, uns sagen,
dass wir vergessen, wozu wir geboren,
dass wir vergessen, was einmal bewusst vielleicht
in nun verrotteten Schädeln der vor uns
Verstorbenen,

wenn auch als vage Idee, zu existieren gewagt:
dass wir geschaffen,
dass wir als Träger gedacht einer Sendung,
die wir vergessen,
täglich vergessen,
immer vergessen,
vergessen,
und er schreit sein Gekrächze
und schlägt seine Flügel,
der Rabe des Unheils.

Ende

Verlier dich in Alleen der letzten Bäume.
Die leeren Wege führen in das Nichts.
Mit Dunkelheiten füllen sich die Träume,
erlöschen mit der letzten Spur des Lichts.

Allein bist du, kein Abgrund tut sich auf,
kein jäher Anstieg ladet dich zur Flucht.
In sich gefaltet stocken die Gedanken.
An deines Hirnes Ufer prallt mit Wucht

der Unrat vieler Tage, der verdorben,
wie Fleisch zu Aas verwandelt im Verfall.
Du fühlst vom Lebenswahn dich noch umworben,
doch fern schon bist du seinem süßen Schall.

Dann ist die Welt vorbei, die Zeit nicht mehr,
die Hand verhält, der Fuß trägt keine Regung
und alle Fragen bleiben antwortleer.
Die Stille schweigt. Zur Ruhe wächst Bewegung.

Übernahme

Schließe deine Augenlider
und lege deinen Kopf in meine Hände,
die ihn wie Schalen umfangen.

Schwielig sind sie vielleicht und rau,
doch die Härte der rissigen Haut
dieser gealterten Hände spürst du wohl kaum.

Fühle, wie die Tröstung, die ich vielleicht, sonst
niemand in dieser lärmenden Welt, dir
bringen kann,
wie vertrocknender Duft durch dein Gesicht
steigt,

bis die Schwere der verbrauchten Tage,
die sich in deinen Zügen zu entlasten sucht,
in meine geduldigen Hände sinkt.

Alte beim Heurigen

Wie einst im Mai!
So schön konnte es sein,
als wir noch glaubten,
dass die Welt auf uns wartete,
direkt vor der Türe,
und sie trug ein buntes Kleid
aus Hoffnung und Versprechen,
aus den noch nicht verlorenen Träumen
und dem Frohsinn übermütig
zusammengebastelt.

Wir waren so jung,
wie es das heute nicht mehr gibt,
weil man keine Zeit mehr lässt den Träumern,
die nicht sofort alles haben wollen,
alles an sich reißen, alles aufbrauchen,
was an Schönem und Tiefem
die Welt, die Liebe, das Leben
uns langsam nur zu bieten bereit ist.

Dann sitzen wir heute draußen,
irgendwo in einem Garten
vor dem einen Glas,
das uns noch gestattet,
und wenn der Musiker kommt,
die Geige und auch die Harmonika,
erinnern wir uns,
wie wir sie einst belächelten,
die Alten,
und wissen, das sind wir jetzt,
und wir lassen die alten banalen Lieder
durch uns sinken und wir summen mit …

Mondängste

Die dunkle Brille bietet vagen Schutz.
Wär besser wohl, wenn ich die Augen schlösse
und hinterm zugezogenen Vorhang hocken
bliebe.

Doch dieses Rauschen, diese Brandung aus
Verlangen,
nach Sturz und Flug, wie es in meinem
Schädel schäumt,
und durch die Glieder streckt die Gier,
sie zittern macht, bis aus dem Munde,
zum schräg gestellten Maul zerrissen,
die Qual hervorwürgt sich im stummen
Schrei.

Dann, durch das splitternde Gebälk der Türe
bricht mein ungeheurer Leib
in deine lichte Herrlichkeit,
du bleicher Gott!

Ich trinke deinen Nebelhauch,
der aus den schwarzen Büschen immer höher
auf zu den Gipfeln steigt
und du mich hebst mit ihm aus Wald und
Felsen,
aus der feuchten Nacht,
zerfließend in die Moderträume
der so sehr Gerechten
in die Gewalt des nie gewesenen Seins

… aus dem ich fröstelnd in den Tag erwache,
um seinem ungerührten Morgen
schluchzend zu entfliehen.

Späte Begegnung

Lang sind und schwer die Gewänder,
die die Alten noch tragen zum Kirchgang,
zum Feste und Abschied von Toten.

Auch die Mienen sind schwer und gezeichnet
von lange getragener Bürde,
der Last ihres mühsamen Lebens,
dem zu entfliehen der Mut ihnen fehlte
oder die Liebe ein Hoffen versprach,
ein längst schon vergessenes Trugbild,
das sie kaum je erhofften,
und das nur mehr im Flackern der Kerzen
am Grabe der andern sie manchmal berührt.

Wenn dann ein faltiges Lächeln
sich zeigt im Gesichte des Nächsten,
das dem Erinnern nur gilt
an jene versunkenen Tage,
mag es geschehen,
dass eine fast schon verdorrte Hand
mit seltsamer Zartheit sich legt auf die Wange
des andern, der vielleicht ein vergangener
Schwarm
oder auch mehr einst ihr war.

Ein fast verschämtes „Weißt du noch?"
klingt es so anders
als das geflüsterte „Liebster" von damals?

Vorbei! und der schwere Fuß
stolpert weiter und hinterher, als wäre
die flüchtige Regung nimmer gewesen.

Idylle am Strand

Eine warme Woge schwemmt ans Ufer
die leer gewaschene Schale einer Languste,
legt sie zur nackten Wade des ertrunkenen
Matrosen,
den sie zuvor auf ein Lager aus Sand und Tang
behutsam gebettet.

Dann hebt und senkt das abgeflaute Meer
die noch fast ganzen Glieder,
fröhlich beinahe, im schaukelnden
Rhythmus.
Das flachgeschabte Gesicht franst sich im Sande,
doch die salzzerfressene Nase
reizt nicht mehr der Algen Geruch.

Wenn später die Nacht die Konturen verwischt,
kommt irgendwann mit der Flut eine gnädige Welle,
schleppt in die Tiefe zurück, was der Tag
nicht gewollt.

Einzig hungrige Möwen werden am Morgen
vielleicht ihre Flügel schleifen
über den reingeschwemmten Sand,
als wüssten sie etwas von dem Verschwinden
und ihr Schrei mag Hunger heißen oder auch Klage.

Vorbei

Bei dir hab ich mich wie daheim gefühlt.
Was heißt das schon: gefühlt – daheim – bei dir?
Wenn die Begierde einmal abgekühlt,
hebt Unruh oder Gleichmut das Visier.

Erinnerst du dich noch der ersten Stunden,
die wir verwirrt zerredet und verdeutet,
denn unser Wort war, unser Sinn gebunden;
wir fühlten edel uns –
und ausgebeutet.

Dann jene Zeit, in der wir alles hatten,
wovon wir einst geträumt, doch nie geglaubt,
dass wir so bald am Glücke uns ermatten
und unser reines Liebeslicht verstaubt.

So wurden aus den Lenden Schenkel wieder,
und Beine, die einst Fingerkuppen reizten,
zu Gehwerkzeugen: ganz banale Glieder,
die einst sich nicht nur aus Routine spreizten.

Am Sonntag lagen wir im Bett und dachten,
ob wohl der große Rausch vorüber sei?
Das war's, was nun? so meint ich und wir lachten
und lebten weiter, als wär nichts dabei.

Wanderer

Hätte nur Hass mich aus mir selber löschen können,
mich fortgetrieben, ausgestoßen und gejagt
in Wüsten und in wilde Steppen.

Ich suche nicht mehr nach Vergessen.
Selbst auf der Scholle, die im Eismeer trieb –
blau schrie der Himmel über schwarzen
Wasseröden –
schlug mir ins Ohr zurück allein
mein trockenes Schluchzen,
dem niemand je gelauscht.

In Bergen trug ein Echo fremden Laut,
doch blieb es mir versagt, den Dingen
selbst es nur zu sagen und zu reden,
als sei ich da, als sei mein trüber Schatten
auch nur das kleinste Leben.

Ach, wenn mich nur zum Tode, zum ersehnten,
ein blinder Pöbel schleppen wollte,
für den ich nichts bedeute,
sich zu erheitern mich zum Kniefall stöße
aufs Schafott!

Wie gern ergötzt ich diese blanke Menge
mit rotem Blute und mit Lustgeröchel,
das noch aus den zerrissenen Lippen strömen
sollte,
wenn ich es sagen dürfte, einmal nur als Schrei,
bevor mein Schädelball im trockenen Staube
rollte,
ich nur bekennen dürfte:

Den ich verriet – Er war ein Gott!
Doch bin zum Leben ich verdammt.
Ich wandere, ein ew'ger Schatten,
ich, der Verdammte,
ich, Judas Ischariot!

Ablöse

Sie waren beide jung.
Im Hass und Gleichmut der Umgebung so erfahren,
dass sie sich selber nicht mehr mochten.
Bis die Begegnung ihnen wie mit Seidentuch,
sein Blick auf sie, ihr Blick auf ihn,
all das Gewusste aus gequälten Mienen aufsog.
Er griff nach ihren Händen oder war es sie,
das ließ sich später nicht mehr klären,
zu einem weiten Gang durch das Geschrei der Stadt.
Sie hörten nicht die Unmutsrufe, das Verkäuferlocken,
als dann ihr Gang ein Laufen, Springen, Tanzen wurde
zur Musik, die nur in ihnen war und die sie trug
hin zu der Brücke, die den Wildbach überwölbte.

Ein Lachen, glücklich wie ein Jauchzen klang
der Schrei, mit dem sie in die Fluten stürzten,
die ihre ineinander sich umklammernd Leiber
noch lange, lange mit sich trugen,
bis sie das Meer befreite.

Wie züchtig war man anno dazumal

Er hat bestimmt es auf mich abgesehen,
auch wenn er Nein sagt und es stets bestreitet.
Doch kann ich ihn jetzt nicht mehr übergehen,
so spiele ich die Unschuld, zartbesaitet.

Wie kann der Tollpatsch nur von sich
behaupten,
er sei nach alter Schule Kavalier!
Er glaubt sogar, mir machten die verstaubten
und dummen Komplimente noch Pläsier.

Lässt Rosen oder andre Blumen kommen,
ich lächle, das macht mir schon nichts mehr aus.
Ist doch mein Jungfernkränzchen
fortgeschwommen,
drum ließ ich gern ihn jetzt zu mir ins Haus!

Kochkunst und Eheleben

Warten, dass die Suppe kocht,
indes Madame, mein Eheweib,
sich ihre frisch gewaschnen Haare trocknet.
Gemüse frisch und voll an Vitaminen,
„das, und nicht Fleisch, sollst du bereiten,
für dich und auch für mich der wahre Segen …"

Ich hocke in der Küche und das Wasser brodelt.
Der Duft nach Porree und nach Sellerie
beginnt mich zu umschmeicheln.
„Du hast doch die Zucchini nicht vergessen?",
kommt aus dem Nebenraume meines Weibes
Stimme.

Nein, nein, und auch Kohlrabi hab ich
beigefügt,
Gemüse, das du noch nicht kennst,
und alles dünstet sich im Topf zusammen
zum köstlichen Gemüsemahl.
Und ich verschwieg es weise,
dass ich mit Maggi würzte,
da doch Naturgeschmack und Bios ward
gefordert!

„Weil du so duldsam warst,
darfst du nun zu den Wurzeln
der Petersilie und Karotten
auch frischen Bauernschinken uns servieren,
und dann, wie jeden Abend,
dein Doppelgläschen Rotwein!"

Ach, wie ist glücklich so ein Pensionist,
wenn er sein Glück an seiner Kochkunst misst
und er Gemüse mit der lieben Gattin isst!

Abkehr

Geschlagen, verdammt in Hinterhöfen des Lebens
ein Dasein zu fristen, in dem selbst sein eigener Name
ihn nur mit Erschrecken mehr füllt.
Gespenstig gleitet der Schatten die Wände entlang,
verfängt sich in Spinnwebennetzen leimiger Haftung
zur modrigen Tarantella.

Wie konnten die einstigen Träume so früh ihn verlassen,
Gazellen und Lilien, die seine Brust bewohnten,
wo Elefanten behäbig und langsam jetzt schreiten?
Wohin verschwanden Schmerz und das Frösteln
der Gier, wenn am Abend Frau Nacht
die Gewänder anhebt und abstreift,
um mit spitzer Zehe die Frische des Meeres
zu proben?

Er, der alles gesehen, gewollt oder nicht, schluckt die verbrennenden Worte und spült aus dem Schlunde die ätzenden Flüche am Morgen.

Sättigung

Wäre der Anfang auch nur seiner Süße beraubt
und mit der Trauer belegt, die sich zum Ende gesellt,
wie könnte das Leben sich je vom Bekannten lösen
und zur Begeisterung schwellen
jene Sattheit des Fühlens,
die auf den Lippen das brandige Salz des Vergangenen,
im Auge zurücklässt der Beschämung
erlösende Träne.
Stimme und Sang ohne Echo im welkenden Duft
nie noch erblühter Blumen.
Schattenlos reift nur das Licht.

Sandstrahlgebläse der Zeit

Weg weht der Wind meine Jahre zu Staub.
Vorgeneigt gegen das Licht,
um seinen Ansturm zu tragen,
taub der Begegnung, wend ich mich nicht,

wenn mir die Sicht auch aus dem Auge gerissen.
Schreite mit Tastgebärden,
trag noch ein Wissen vielleicht,
das von dem Winde vergessen.

Sieh, wie mein Fuß schon versinkt,
auflöst der Weg sich im Licht.
Schatten mich nicht mehr erreicht
und die Orkane versterben.

Abstieg

Der Liebe feurig Brand hat sich verlagert,
es knirscht der Kalk im Knie, wenn ich mich beuge.
Selbst meine Fantasie ist abgemagert,
sodass ich nur mehr fromme Wünsche zeuge.

Auf Nebenstraßen stauen rot sich Klumpen;
den Zugang werden bald verstopft sie haben.
Dann lässt ein schwarzes Männlein sich nicht lumpen
und spricht, wie gut ich war, der jetzt begraben!

Doch ist das Spiel nur für den einen aus,
denn für die andren geht es lustig weiter:
Man speist recht gut und trinkt beim Leichenschmaus
aufs Wohl des Toten Erbschaft und ist heiter.

Ich bin nicht die Fülle

Bin ich der mir selbst nicht Gewisse,
der sich noch im Zögern verhält,
wenn der Tage schattende Risse
schon der nächtliche Aussatz befällt?

Vielleicht die genügsame Ziege,
die lachende Kuh und ihr Käse,
das schreiende Kind und die Wiege,
im Vorhaus die Unzeitgemäße.

Die Schelle der Kappe des Narren,
der plusternde Brand in den Steppen,
des Verurteilten quietschender Karren,
auf dem sie zur Richtstätt mich schleppen.

Ich bin nicht die Fülle, bin Leere,
zur eignen Verleugnung erlesen.
Und wenn ich zum Nichts mich verzehre,
so ist's, als wär ich nie gewesen.

Hosenstudie

Die Oberhose,
von der Unterhose her gesehen,
ist fast ein Usurpator,
der jener nur ein wenig Luft
und selten Licht gewährt.

Doch gibt es Stunden, Nächte meistens,
wo beide friedlich schlummern,
im Wäschekorb die eine träumt,
indes die andere,
ausgeleert auf einer Sessellehne hängend,
versucht, die frische Haltung und die Bügelfalte
aus sich selbst und dem Erinnern
wiederherzustellen.

Die Erstere aber, die den Duft des Körpers,
manchmal auch ein Tröpfchen von Urin
durch einen Tag hindurch gesammelt,
denkt fast ein wenig traurig, dass sie bald
in einer Waschmaschine
von beiden wieder losgetrennt
und dann vom heißen Bügeleisen
zurück in eine glatte Form
sich pressen lassen wird,
um wieder einen andren Tag erneut
und nicht sehr willig
sich der Überdeckung
durch die Oberhose auszusetzen,

denn jene Oberhose ist nun einmal
so beschaffen, dass sie sich selbst als Hose nur
erkennt und nicht das „ober" braucht,
um ihre Existenz im Worte zu begründen,
dieweilen jene arme Unterhose,
das „unter" zur Bestätigung
der unterjochten Eigenexistenz
wohl essenziell benötigt.

Da aber jenes Denken,
das eigen ist dem Träger beider Hosen,
die klare Trennung im dualen Sinne postuliert,
manichäisch unterscheidet zwischen
innen-außen, wie auch dem Unter jeweils
steht ein Ober gegenüber, wobei das Ober aber
immer über einem Unter wird bewertet,
kann man als Freundlichkeit der Oberhose
es verstehen, dass diese auf ihr Präfix
hat verzichtet, und so erscheint es zumutbar,
dass sich die Unterhose resigniert
dem ihr bestimmten Schicksal
und der (Ober-)Hose unterwerfe!

Inhaltsverzeichnis

Schöne Aussichten 6
Korridor 8
Verstörung 10
Leben und Überleben 11
Trockenstraße 12
Abwärts 13
In der Stille 16
Tropfen 17
Gegenüber 19
Lebenswahl 20
Da war doch wer 21
Fadenspinnen 22
Nebengeleise 25
Später 26
Blick nach Westen 27
Albtraum 28
Schrei 30
Traumstunde 31
Passage 32
Hör zu 34
Wird es wieder so sein 36
Erinnern 37
Ins Blaue 40

Ermuntern	41
Im Wartezimmer	43
Morgen ist Sonntag	45
So dann und wann	46
Ich klage an	48
Kopfschmerzen	52
Was bin ich	55
Der Ignorant	57
Fantasien	58
In der Menge	60
Duft	61
Es ist ein Ros	64
Ein kleines Bier	66
Belauschen	69
Meeresfelsen	71
Wanderer im Himmel, dem Meer und auf der Erde	72
Polsterschlacht	74
Verlaufen aller Zeiten	76
Gott ist kein Emigrant	78
Gang in den Abend	81
Frühling	82
Im Frühling	84
Frühlingsgedanken	86
Frühlingsabschied	88
Der Herbst ist wieder da	89

Silvester	90
Pressiert	92
Versuchung	94
Bestellung	96
Es jammern die Alten	99
Der tote Freund	101
Steigerungsstufen	103
Wär ich doch ein Faschingsnarr	105
Jenseits des Fensters	107
Innenmarsch	110
Ablauf	111
Schattenspiel	113
Sechzehn Zeilen	115
Lamento eines älteren Herrn	116
Der Mensch geht vorbei	117
Ende	120
Übernahme	121
Alte beim Heurigen	122
Mondängste	124
Späte Begegnung	126
Idylle am Strand	128
Vorbei	130
Wanderer	132
Ablöse	134
Wie züchtig war man anno dazumal	136
Kochkunst und Eheleben	137

Abkehr 139
Sättigung 141
Sandstrahlgebläse der Zeit 142
Abstieg 143
Ich bin nicht die Fülle 144
Hosenstudie 145

Bildquellennachweis:
Seite 5: © Rudolf Pernusch
Seite 9: © Afxhome | Dreamstime.com
Seite 18: © | Dreamstime.com
Seite 24: © Dana Rothstein | Dreamstime.com
Seite 29: © Aleksandar Radoman | Dreamstime.com
Seite 70: © Gabriella Gothberg | Dreamstime.com
Seite 91: © Ninotti | Dreamstime.com
Seite 100: © Diego Vito Cervo | Dreamstime.com
Seite 119: © Alain | Dreamstime.com
Seite 123: © Robert Carter | Dreamstime.com
Seite 98: Gustav Klimt: „Kniender Mann mit Kopf auf dem Boden" (1901). Aufgerufen via http://www.artnet.com/artists/gustav-klimt/kniender-mann-mit-kopf-auf-dem-boden-BT4H0V0GB682lpVsQaTEbQ2 (letzter Zugriff am 25.10.2022)
Seite 42: Egon Schiele: „Die Umarmung" (1917). Aufgerufen via Wikimedia Commons: https://commons.wikimedia.org/wiki/File:Egon_Schiele_-_Umarmung_(1917).jpg (letzter Zugriff am 25.10.2022)

DER AUTOR

Der 1931 geborene Rudolf Pernusch bewunderte schon immer die großen Dichter, schätzte aber auch die Außenseiter, über deren groteske Lyrik er seine Dissertation schrieb. Später war er als leitender Angestellter im Personalwesen für internationale Unternehmen bis zum Ruhestand tätig. Selbst dann war er noch immer voller Verehrung und Respekt für die Dichterheroen, wagte aber erst viele Jahre später, eigene Texte zu schreiben, bis er sich mit 91 Jahren für die Veröffentlichung einiger Gedichte entschied.

Rudolf Pernusch lebt in Klagenfurt und Paris. Er ist verheiratet und hat 3 Kinder.

DER VERLAG

VINDOBONA
VERLAG SEIT 1946

ein Verlag mit Geschichte

Bereits seit 1946 steht der Vindobona Verlag im Dienst seiner Bücher und Autoren. Ursprünglich im Bereich periodisch erscheinender Journale tätig, präsentiert sich der Verlag heute als kompetenter Partner für Neuautoren am deutschen, österreichischen und schweizerischen Buchmarkt. Engagement, Verlässlichkeit und Sachverstand – das sind die Grundpfeiler, auf denen der Verlag seit jeher sicher steht.

Sie möchten mit Ihrem Werk das vielseitige Verlagsprogramm bereichern? Der Vindobona Verlag garantiert Ihnen eine professionelle Prüfung Ihres Manuskriptes durch das Lektorat sowie eine zeitnahe Rückmeldung.

Genauere Informationen zum Verlag
finden Sie im Internet unter:

www.vindobonaverlag.com